REVIEW COPY

Y OF

PRESS

Yellow Umbrella Books are published by Capstone Press,
151 Good Counsel Drive, P.O. Box 669, Mankato, Minnesota 56002.
www.capstonepress.com

Library of Congress Cataloging-in-Publication Data
Ring, Susan.
   [Mammals. Spanish]
   Mamíferos / por Susan Ring.
   p. cm.—(Yellow Umbrella: Science - Spanish)
   Includes index.
   ISBN 0-7368-4163-6 (hardcover)
   1. Mammals—Juvenile literature. I. Title. II. Science (Mankato, Minn.)
QL706.2.R5618 2005
599—dc22   2004052985

Summary: A very simple introduction to various mammals and some of
their characteristics.

Editorial Credits
Editorial Director: Mary Lindeen
Editor: Jennifer VanVoorst
Photo Researcher: Scott Thoms
Developer: Raindrop Publishing
Adapted Translations: Gloria Ramos
Spanish Language Consultants: Jesús Cervantes, Anita Constantino
Conversion Editor: Roberta Basel

Photo Credits
Cover: DigitalVision; Title Page: Creatas; Page 2: Corel; Page 3: Corbis; Page 4: Digital
Vision; Page 5: Corbis; Page 6: Layne Kennedy/Corbis; Page 7: DigitalVision; Page 8:
DigitalVision; Page 9: DigitalVision; Page 10: Jean Louis Aubert/PhotoAlto; Page 11:
Jeremy Woodhouse/PhotoDisc; Page 12: Creatas/Creatas; Page 13: elektraVision; Page 14:
DigitalVision; Page 15: DigitalVision; Page 16: SWP, Incorporated/Brand X Pictures

1 2 3 4 5 6 10 09 08 07 06 05

Mamíferos

por Susan Ring

Consultant: Robyn Barbiers, D.V.M.,
General Curator, Lincoln Park Zoo

Yellow Umbrella Books
Science - Spanish

an imprint of Capstone Press
Mankato, Minnesota

Los osos son animales.

Los osos son mamíferos,
también. Los mamíferos son
una clase de animal.

Los mamíferos tienen pelaje o pelo.
Estos monos tienen pelaje.

Los gatitos tienen pelaje, también.
Los monos y los gatitos
son mamíferos.

Algunos mamíferos tienen
mucho pelo. El pelo de estos
bisontes los mantiene calientes.

Algunos mamíferos tienen
poco pelo. ¿Puedes ver
el pelo de este elefantito?

Los mamíferos también
cuidan bien a sus crías.

Esta madre chimpancé va a cuidar a su cría por muchos años.

Los mamíferos también
toman leche de su mamá.
Los perros son mamíferos.

Las vacas son mamíferos,
también.

Todos los mamíferos
necesitan respirar aire.
Los cerdos son mamíferos.

Las ballenas son mamíferos, también.

Los mamíferos son de sangre caliente. Pueden mantenerse calientes en el frío.

Pueden mantenerse frescos
cuando hace calor.

¿Quién más es un mamífero?
¡Las personas también
son mamíferos!

Glosario/Índice

(el) animal—ser vivo dotado de movimiento y sensibilidad; páginas 2, 3

de sangre caliente—se dice del animal que tiene una temperatura corporal independiente de la temperatura ambiente; página 14

(la) leche—líquido de color blanco producido de los mamíferos hembras para alimentar a sus crías; página 10

(el) mamífero—animal vertebrado de sangre caliente; los mamíferos tiene pelaje o pelo; las hembras alimentan a sus crías con leche; páginas 3, 4, 5, 6, 7, 8, 10, 11, 12, 13, 14, 16

(el) pelaje—conjunto de pelos de un animal; páginas 4, 5

(el) pelo—filamento que nace y crece de los poros de la piel de los mamíferos; páginas 4, 6, 7

respirar—absorber y expulsar el aire por los pulmones; página 12

Word Count: 143
Early-Intervention Level: 10